AF231484

COMITÉ DE DÉFENSE ET DE PROGRÈS SOCIAL

Patrie, Devoir, Liberté.

SÉANCE D'OUVERTURE

DU MERCREDI 9 JANVIER 1895

POURQUOI
NOUS NE SOMMES PAS SOCIALISTES

PAR

M. Anatole LEROY-BEAULIEU

Membre de l'Institut
Président du Comité

EXTRAIT DE *LA RÉFORME SOCIALE*

3ᵉ ÉDITION

AU SIÈGE DU COMITÉ

54, RUE DE SEINE, 54

—

PARIS

----

*Adresser les adhésions, les souscriptions et toute
les communications au Secrétaire-Trésorier, 54
rue de Seine.*

COMITÉ

DE

DÉFENSE ET DE PROGRÈS SOCIAL

Patrie, Devoir, Liberté.

~~~~~~~~~~~~~~~

La société est de toutes parts attaquée ouvertement
ar des hommes, par des doctrines, qui, sous pré-
texte de la refaire à neuf, menacent d'en ruiner à la
fois les bases morales et les assises matérielles.

Nous croyons que la société a le droit et qu'elle a
le devoir de se défendre — non point dans l'intérêt
égoïste d'une classe, mais dans l'intérêt de tous et
our le salut même de la civilisation.

En face des agitateurs et des démolisseurs qui prétendent couvrir leur œuvre de destruction du nom de
progrès, faisant miroiter aux yeux des masses cré-
dules les décevantes utopies du socialisme, nous
croyons urgent de rappeler à tous les conditions
essentielles, les conditions nécessaires du progrès des
sociétés humaines.

C'est pour répondre à ce double besoin que des
hommes ayant conscience des devoirs présents et des
périls prochains ont constitué un COMITÉ DE DÉFENSE
ET DE PROGRÈS SOCIAL.

Ce comité, est-il nécessaire de le dire? ne prétend
exercer ni influence confessionnelle, ni action poli-
tique. Se plaçant résolument sur le large terrain de
l'expérience et de l'observation, il fait appel, sans
distinction de partis, à tous ceux qui, frappés des périls grandissants du socialisme, veulent s'unir pour
chercher à les conjurer.

Les fondations séculaires des sociétés sont toutes
~~~~~~~~~~~~~~~

minées en même temps par la propagande socialiste :
— et l'idée de Dieu, le sentiment religieux indissolublement uni au sentiment moral, sans lequel il n'y a
plus ni droit ni justice ; — et la notion de la famille,
avec l'autorité paternelle et l'éducation domestique
bien autrement importante pour l'enfant et pour la
société que l'enseignement scolaire ; — et le principe
d'autorité, sans lequel toute nation, au lieu d'être un
corps vivant, n'est plus qu'une foule sans cohésion,
et qui ne serait lui-même qu'un mot, prêtant à toutes
les équivoques, s'il ne reposait sur la puissance des
forces morales ; — et la propriété, féconde et légitime parce qu'elle est à la fois le stimulant et le fruit
du travail ; la propriété qui, sous ses diverses formes,
a son rôle varié et ses devoirs nécessaires ; — et
l'amour de la patrie qui, à travers les âges, a suscité
de si nobles dévouements, relié entre elles, par le
plus doux et le plus fort des liens, toutes les classes
d'une même nation et enseigné à toutes l'esprit de
sacrifice pour le bien commun.

Ainsi, aujourd'hui, tout est ébranlé ; demain, peut-
être, tout sera en ruine : la société est en péril. Où
est le remède ?

Le remède, il est d'abord dans la réforme morale.
La science, les intérêts matériels, les constitutions
politiques, la force elle-même sont pour la société des
étais insuffisants. Le mal est en nous et ne peut être
guéri par des remèdes extérieurs. Il ne faut pas
mettre notre espoir dans l'intervention de l'Etat et
dans la multiplicité des lois ; il ne faut pas croire au
salut par la civilisation matérielle ; il faut commencer
la réforme sociale par la rénovation morale.

Il importe avant tout de rétablir dans toutes les
classes, chez l'enfant et chez l'adulte, les notions, aujourd'hui obscurcies, du devoir et de la responsabilité.

Aux ennemis de la propriété, aux détracteurs de l'initiative privée, il convient de rappeler les titres de la propriété et les services de l'initiative privée, qui partout est demeurée le grand ressort du progrès.

A toutes les excitations malsaines, il faut répondre en montrant que, en aucun temps, l'amélioration du sort des classes les plus nombreuses n'a suscité plus d'efforts ingénieux et dévoués. Aux théories décevantes, il faut opposer des résultats précis, et, s'appuyant sur l'expérience acquise, il faut faire, [chaque jour, plus et mieux pour rétablir, dans des conditions durables, l'harmonie entre patrons et ouvriers. Aux politiciens et aux charlatans il faut prouver que, mieux qu'eux, nous connaissons le peuple, que nous l'aimons davantage, et que nous le respectons plus, puisque nous ne le trompons pas.

Enfin, à tous ceux à qui la Providence a donné l'éducation, les talents, la fortune, il importe de rappeler les devoirs plus grands qui leur [incombent, et ce patronage volontaire qu'ils doivent exercer au profit des moins bien partagés. Car, suivant une forte pensée, « s'il n'y a plus de classes dirigeantes, il y a toujours des classes responsables ».

C'est aux jeunes gens que le Comité de défense et de progrès social veut d'abord s'adresser : car c'est par la jeunesse qu'il espère agir sur la nation, sur le peuple des villes et sur le peuple des campagnes, qu'entame aujourd'hui la propagande révolutionnaire. C'est pour les jeunes gens surtout qu'il va ouvrir des conférences, des cours, au milieu des villes d'université, à Paris d'abord, près de la Sorbonne, avec l'intention de combattre hardiment les idées fausses, les utopies malsaines qui créent, autour de nous, comme une atmosphère de sophismes ; avec l'espoir de susciter, non des disciples, mais des amis et bientôt des collaborateurs ; avec le noble désir d'obtenir le libre concours de la jeunesse, afin de fonder, sur des principes stables et sur des faits scientifiquement observés, cet accord des esprits pour le soulagement de toutes les souffrances, qui est la première condition du progrès de l'humanité et du maintien de la paix sociale.

Le Comité espère que son appel sera entendu. Il ne se fait d'illusion ni sur la grandeur ni sur les difficultés de la tâche qu'il entreprend. Il remercie les hommes de bonne volonté qui lui apporteront le concours de leurs adhésions. Une pareille œuvre, chacun le sentira, ne peut réussir qu'avec l'appui de sympathies énergiquement affirmées.

> ANATOLE LEROY-BEAULIEU, de l'Institut, *président*;
>> ALBERT GIGOT, président de la Société d'Economie sociale;
>> E. GLASSON, de l'Institut, professeur à la Faculté de droit de Paris;
>> Dr ROCHARD, président de l'Académie de médecine, inspecteur général des services de santé de la marine, en retraite;
>> LOUIS SAUTTER, membre du conseil de l'Union chrétienne de jeunes gens de Paris;
>> GEORGES PICOT, de l'Institut, président d'honneur des Unions de la paix sociale du Nord;
>> H. BEAUNE, ancien procureur général près la Cour de Lyon, président d'honneur des Unions du Sud-Est;
>> A. GIBON, ancien directeur des Forges de Commentry, président d'honneur des Unions du Centre;
>> GASTON DAVID, avocat, président d'honneur des Unions du Sud-Ouest;
>> A. DELAIRE, *secrétaire-trésorier*.

Paris, décembre 1894.

SÉANCE DU MERCREDI 9 JANVIER 1895

A 8 heures et demie du soir, le 9 janvier, une foule considérable se pressait dans la grande salle de l'hôtel des Sociétés Savantes.

Les étudiants en grande majorité avaient répondu à l'appel des organisateurs. La salle étant pleine, les portes, ouvertes à tous jusqu'à 8 heures et demie, durent être fermées.

Sur l'estrade prirent place les membres du Comité. Aux côtés du Président M. Anatole Leroy-Beaulieu, siégeaient, comme assesseurs, M. Albert Gigot et M. le Dr Rochard.

POURQUOI NOUS NE SOMMES PAS SOCIALISTES

Messieurs,

Si je n'avais consulté que mes forces et mon état de santé, je ne me serais pas risqué à prendre la parole, ce soir, devant vous. Mais je n'ai pas voulu me dérober à l'honneur de présider cette première réunion, — ne fût-ce que pour ne point paraître reculer devant les appréhensions, non justifiées, j'espère, des plus timides de nos amis. On nous a dit qu'en vous convoquant à une conférence publique, en ouvrant nos portes à tous, nous étions des téméraires qui ne savions pas à quoi nous nous exposions. (*Ah! Ah!*) « Vous voulez donc, me disait-on, descendre dans la fosse aux lions ? » (*Rires.*) Eh bien ! Messieurs, la fosse aux lions, nous y voici ; nous sommes entre les griffes de ce que, de mon temps, on appelait le lion du quartier latin, et, faut-il vous l'avouer? nous ne craignons pas d'être dévorés. (*Rires, murmures et applaudissements.*)

Nous. avons eu confiance dans la jeunesse, nous avons cru en sa générosité et en son esprit de liberté, et à cette heure même, — en dépit de certaines incitations (*Bruit*), en dépit des murmures qui s'élèvent sur quelques bancs de cette salle,— je reste convaincu que notre foi dans la jeunesse ne sera pas trompée. (*Applaudissements.*)

Vous n'êtes pas venus ici, Messieurs, pour étouffer notre parole sous des clameurs brutales, ce qui, en vérité, serait peu glorieux pour vous; vous êtes venus pour nous juger sur notre langage, et non pour nous condamner sans nous avoir entendus. Cela ne serait pas digne de la jeunesse; et s'il est des hommes qui, par leur passé et par leur libéralisme, aient droit à la liberté de la parole, j'ose dire que nous sommes de ceux-là; car cette liberté que nous osons réclamer pour nous, nous l'avons, toujours et partout, revendiquée pour les autres, pour nos adversaires aussi bien que pour nos amis. (*Exclamations. Applaudissements prolongés.*)

Au lieu de m'arrêter à des inquiétudes — outrageantes pour vous — (*Très bien ! très bien !*), j'aime mieux vous remercier d'avoir répondu en si grand nombre à notre appel. Dans cet empressement de votre part, je ne veux voir qu'une chose, Messieurs : une preuve nouvelle de l'intérêt passionné que la jeunesse porte aux questions sociales. C'est là, croyez-le bien, une chose qui vous fait honneur; — et c'est là, permettez-moi de vous le dire, un lien entre vous et nous. Nous sommes tous, ici, réunis par un sentiment commun, et cette communauté d'aspiration, je tiens avant tout à la constater. Tous nous sommes passionnés pour la cause du progrès social. Nous pouvons différer sur les moyens, cela est une des tristesses de l'infirmité humaine, — mais, si profondes que puissent être ces divergences, notre but n'en est pas moins commun ; et socialistes ou libéraux, révolutionnaires ou réformateurs, cette communauté du but doit nous inspirer une tolérance réciproque. (*Murmures et applaudissements.*) Ce que nous voulons tous, et, croyez-le, ce que nous voulons avec autant d'énergie que le plus ardent d'entre vous, c'est la lutte contre le mal social et contre la misère, c'est la diminution de la souffrance humaine, c'est le redressement moral et le relèvement matériel des classes laborieuses ; — et si, par hasard, il se trouvait égaré au milieu de cette vaillante jeunesse un homme, un jeune homme assez égoïste ou assez frivole, assez étranger aux généreuses préoccupations de notre temps pour ne pas partager ce noble souci du progrès social, je lui dirais hautement : Votre place n'est pas ici ! (*Applaudissements répétés.*)

S'il suffisait pour nous entendre de la communauté du but, nous serions unanimes ; mais, hélas ! il ne suffit point aux hommes, pour être d'accord, de désirer la même chose. Le but peut être le même, et les moyens différer. Or, les voies et moyens, c'est là le difficile, c'est là l'important et c'est ici qu'il nous faut faire appel à votre esprit de tolérance. (*Murmures et applaudissements.*)

Ce que nous sommes et ce que nous ne sommes pas.

Nous devons vous dire, Messieurs, ce que nous sommes et ce que nous ne sommes point. Nous venons à vous ouvertement, loyalement, sans masque, ne voulant pas d'équivoque entre nous. Ce que nous sommes, Messieurs ? Nous sommes des Français qui, plus malheureux que vous, avons vu la France envahie et dont le cœur saigne encore des blessures de la patrie (*Applaudissements*); — nous sommes des hommes de liberté qui croyons que la liberté et l'initiative privée demeurent le grand moteur de la civilisation, le grand ressort de tout progrès (*Applaudissements*); — nous sommes des hommes d'étude, et, si vous le permettez, des hommes de science qui, dans les questions sociales, comme ailleurs, n'avons foi que dans les méthodes scientifiques. C'est vous dire, Messieurs, que nous ne sommes pas socialistes. (*Interruptions et applaudissements.*) Et si nous ne sommes pas socialistes, je puis l'affirmer bien haut, c'est uniquement parce que nous sommes convaincus que la méthode du socialisme n'est pas une méthode scientifique ; que le socialisme méconnaît les conditions essentielles, les conditions nécessaires du progrès des sociétés humaines ; — que le socialisme enfin est moins fait pour fortifier la patrie que pour l'énerver et la débiliter. (*Exclamations, applaudissements répétés, tumulte, longue et bruyante interruption.*)

Je m'étonne, Messieurs, de l'intolérance de la minorité de cette réunion. En vous déclarant, loyalement, que nous ne sommes pas socialistes, je pensais que s'il se rencontrait ici des socialistes, ils seraient les premiers à nous savoir gré de notre franchise. (*Applaudissements.*) Si nous combattons le socialisme, nous ne sommes pas de ceux qui, pour lutter avec lui, s'ingénient à lui dérober ses couleurs et à contrefaire son langage, afin de tromper leur public et d'enlever les applaudissements du peuple. Les adhésions ainsi gagnées, les applaudissements ainsi obtenus, nous n'en voulons point. (*Oh ! oh ! Très bien ! très bien !*) Nous laissons ces procédés aux partis qui, pour capter la faveur populaire, ont chacun leur petit socialisme de poche. (*Rires.*) Nous ne voulons, quant à nous, ni déguisement ni travestissement. Nous pourrions, comme de vulgaires politiciens désireux de tout

concilier sous le vague des formules, vous dire que
nous voulons, nous aussi, faire du socialisme, du bon
socialisme, du socialisme honnête, du socialisme
libéral, du socialisme scientifique ; — car, pour faire
passer le substantif, il semble qu'il n'y ait qu'à lui
accoler un adjectif rassurant. Nous avons, aujour-
d'hui, toute espèce de petits socialismes édulcorés
que les ambitieux de toute sorte distribuent au
peuple, comme des friandises aux enfants. (*Murmures
et applaudissements prolongés.*)

Le socialisme en effet, nous ne saurions nous le
dissimuler, est à la mode. Autrefois il était mal vu,
il était mal porté, il avait mauvaise réputation, il pas-
sait pour vulgaire ou pour naïf. Alors, peut-être, il
pouvait y avoir quelque courage à le vanter. Le préjugé était contre lui ; aujourd'hui, il nous faut bien le
constater, le préjugé est pour lui. Il a la vogue ; il est
bien reçu dans le monde, on le rencontre jusque
dans les salons en gants paille et en souliers vernis.
Il a pour lui la jeunesse fin de siècle ; tout ce qui se
pique d'être dans le mouvement se réclame de lui.
(*Rires et murmures.*)

C'est ainsi, Messieurs, que, en dehors du collectivisme et du socialisme des socialistes, nous avons
toute sorte de petits socialismes plus bénins, plus
anodins, plus innocents les uns que les autres :
socialisme de lettres qui fleurit dans la serre chaude
des petites revues de toute couleur ; socialisme de
salon ou de boudoir qui fait sourire les belles dames
et trembler les enfants ; socialisme d'église qui vient
à nous l'Évangile sous le bras, — sans compter le
plus répandu et le plus dangereux peut-être de tous,
le socialisme bourgeois, le socialisme qui s'ignore,
celui de M. Jourdain qui fait du socialisme comme
jadis il faisait de la prose, sans le savoir. (*Rires et
applaudissements.*)

Pourquoi nous repoussons le nom de socialistes.

Eh bien ! Messieurs, dans tout cet assortiment varié, nous ne trouvons rien à notre goût. Non pas que nous ayons peur des mots, mais parce que, encore une fois, nous faisons fi des équivoques. (*Bravos répétés.*) Nous croyons que, dans ce grand débat d'où dépend le sort de la civilisation, il importe que les mots conservent le sens que l'usage leur a donné. Il n'est pas bon, Messieurs, que, dans la mêlée des idées et des partis, les hommes qui veulent détruire la société et ceux qui veulent la défendre, que les adversaires et les partisans de la propriété, de la famille, de la liberté prennent le même nom et se rangent, même en apparence, sous les mêmes étendards. (*Applaudissements mêlés de protestations.*)

Un des maux de notre époque, et à mon sens l'un des plus inquiétants, c'est la vogue des idées vagues; c'est que notre atmosphère intellectuelle est formée d'une sorte de brouillard d'idées à travers lequel les intelligences ne perçoivent plus rien de précis, rien de distinct. Ce mal sévit surtout dans les questions sociales, si bien que j'oserais dire que le principal danger de notre société, ce n'est pas le collectivisme révolutionnaire, ce n'est pas le socialisme dogmatique, le socialisme avéré et militant; c'est le vague et confus socialisme, le socialisme vaporeux dont est imprégnée l'atmosphère ambiante. (*Murmures et applaudissements répétés.*)

Nous sommes, Messieurs, les ennemis des idées confuses, des notions vaporeuses et nébuleuses, des vocables au sens flottant chers à certains petits cénacles (*Rires*); et c'est encore là une des raisons pour lesquelles nous repoussons le nom comme les doctrines du socialisme, mot lui-même vague, sous lequel tous n'entendent pas la même chose, mot qui doit beaucoup de sa vogue à son vague même. (*Protestations et applaudissements.*)

J'ai connu autrefois un vieux républicain de 1848 qui voulait que Socialisme fût synonyme de Science sociale et qui prétendait appeler socialistes tous ceux qui s'occupent de science sociale, comme on appelle chimistes tous ceux qui font de la chimie. (*Rires.*) Je regrette que son opinion n'ait pas prévalu, car cela nous eût épargné le terme hybride de Sociologie. Nous serions ici tous socialistes, et les plus socialistes se trouveraient être les économistes. (*Rires.*) Mais vous savez, Messieurs, que tel n'est pas le sens du mot. Il désigne bien moins une science qu'une théorie. Le socialisme, hélas ! n'est pas la science sociale ; et si je ne craignais de blesser quelques-uns d'entre vous, je dirais qu'il n'est que l'alchimie de la science sociale. (*Applaudissements, cris, tapage de quelques minutes. Un jeune homme monte sur l'estrade et veut prendre la parole, soutenu par une partie du public des tribunes.*)

Messieurs (*reprend le président au milieu du bruit*), vous êtes venus ici pour écouter les orateurs inscrits à l'ordre du jour ; vous n'êtes pas venus pour entendre Monsieur ; je ne saurais lui donner la parole et je continue mon discours. (*Bravos et applaudissements.*)

Le socialisme n'est pas conforme à la science.

Si nous repoussons le socialisme, c'est, avant tout, Messieurs, que nous ne croyons pas le socialisme conforme à la science et aux méthodes scientifiques. (*Exclamations et applaudissements.*) Entre le socialisme et nous, il y a une question de méthode, et vous qui êtes initiés aux études scientifiques, vous savez combien grande est l'importance de la méthode. Quel est l'objet sur lequel prétendent opérer les socialistes ?

C'est la société humaine, c'est-à-dire ce qu'il y a au monde de plus complexe et de plus délicat; par suite, quelle science plus ardue, où il soit plus nécessaire d'avoir une méthode rigoureuse que la science sociale? (*Murmures et applaudissements.*)

Vous savez, Messieurs, que, depuis un demi-siècle, nombre de savants et de philosophes se sont appliqués à rattacher, à souder la science sociale, ce qu'ils appellent la sociologie, aux sciences physiques et naturelles. Vous connaissez la fameuse classification des sciences d'Auguste Comte, classification que les positivistes regardent comme un des titres de gloire de leur maître. Et ils ont raison, Messieurs; car, quelque opinion qu'on ait de la philosophie de Comte, il est malaisé d'imaginer une autre hiérarchie des sciences. Or, quelle est, de toutes les sciences humaines, celle que Comte plaçait au sommet de son échelle, à la cime du savoir humain, comme étant, par l'importance de son objet, par la multiplicité et la complexité même de ses éléments, la reine des sciences, la plus ardue et la plus difficile de toutes? C'était la science sociale. Et cette science, complexe et malaisée entre toutes, des hommes, des jeunes gens qui se croient des esprits modernes et se disent des esprits positifs, s'arrogent le droit d'en raisonner, d'en décider, d'en trancher à la légère, suivant les caprices des foules ou selon le vent de l'opinion, sans même s'être donné la peine d'en étudier les éléments ! (*Murmures et bravos répétés.*) Et ce qui paraîtrait insensé ou enfantin pour des sciences d'un ordre après tout inférieur, des sciences en tout cas d'une moindre complexité, pour la physique, la chimie, la botanique, cela semblerait légitime quand il s'agit de la science sociale ! C'est là une tendance contre laquelle, pour notre part, nous ne cesserons de protester, au nom de la science, au nom de la vérité, au nom de la société. (*Applaudissements répétés.*)

Nous prétendons que les questions sociales doivent être étudiées patiemment, scientifiquement, méthodiquement, et nous nous scandalisons de les voir discutées et résolues entre deux bocks de bière, au cabaret ou à la taverne. (*Rires mêlés de protestations.*)

Pour nous, Messieurs, la science sociale est une science, et comme telle, elle doit être étudiée conformément à la méthode scientifique. Et quelle est la méthode scientifique ? Vous la connaissez aussi bien que nous, Messieurs, pour l'avoir pratiquée vous-mêmes. Il n'y a, en pareille matière, qu'une méthode scientifique, la méthode d'observation : ear, ici, le plus souvent, il n'est guère possible d'ajouter à l'observation l'expérimentation. Je sais que, pour prouver le bien fondé de leurs hypothèses ou pour essayer leurs utopies, les socialistes iraient volontiers jusqu'à traiter une nation comme une grenouille ou un lapin de laboratoire, se livrant sur la patrie à des expériences sociales *in anima vili.* (*Interruptions et applaudissements.*) Mais vous n'êtes point, Messieurs, des barbares physiologistes qui oseraient vivisecter la patrie française ; — et s'il est, parmi vous, de jeunes socialistes désireux de pratiquer sur le vif leurs expériences collectivistes, vous seriez des premiers à leur conseiller de chercher en d'autres terres, ou sous d'autres cieux, un champ écarté où faire impunément l'essai de leurs procédés de régénération des sociétés. (*Murmures, cris et bravos répétés.*)

Il n'y a qu'une méthode pour les études sociales, la méthode d'observation. Est-ce celle que suit d'habitude le socialisme ? Est-ce celle à laquelle il s'en tient toujours, avec le scrupule professionnel des véritables savants ? Non, Messieurs, aucun de vous n'ignore que le socialisme procède, d'habitude, par *a priori*, par formules et par définitions, par théorèmes et corollaires, par déduction en un mot, appliquant aux sciences sociales la méthode géométrique, la méthode déductive, abandonnée par toutes les sciences en dehors des mathématiques. (*Applaudissements mêlés de protestations.*) Cette méthode surannée, les socialistes, je le sais, l'ont empruntée aux anciens économistes ; mais la plupart des économistes l'ont abandonnée pour revenir à la méthode d'observation, et les socialistes l'ont gardée. Ils procèdent comme autrefois les philosophes, les métaphysiciens qui échafaudaient, laborieusement, dans le vide, des systèmes aujourd'hui tous écroulés. Ainsi ont fait les maîtres du socialisme prétendu scientifique, les grands docteurs du collectivisme en particulier; ils nous ont donné, dans leurs lourds traités, une façon de métaphysique sociale, appuyée sur une dialectique toute scolastique. (*Exclamations et applaudissements.*)

Je sais, Messieurs, qu'à côté du socialisme soi-disant scientifique qui procède par déduction, il y a le socialisme sentimental, le socialisme imaginatif qui met le sentiment ou l'imagination à la place de la raison, s'inspirant uniquement d'un vague humanitarisme et de ce qu'on a nommé la religion de la souffrance humaine. Est-ce la peine de montrer que ce n'est pas là une méthode scientifique? C'est ce que j'appellerai du mysticisme réaliste (*Réclamations*) ; et si le mysticisme peut être de mise dans les régions abstraites de la philosophie ou de la religion, il est le plus dangereux des guides dans la sphère concrète par excellence, dans les études sociales. (*Bruit, cris, applaudissements prolongés.*)

Le socialisme repose sur une notion erronée de la société.

Ce n'est pas uniquement par la méthode que nous différons des socialistes ; c'est autant par notre conception de la société. Et, ici encore, j'ose dire qu'entre les socialistes et nous, les plus fidèles à la science et l'esprit scientifique, les plus modernes et, si j'ose ainsi parler, les plus avancés, — ce ne sont pas les socialistes. (*Applaudissements mêlés de quelques protestations.*)

S'il est une notion aujourd'hui admise par tous les hommes de science, c'est que les sociétés humaines ne sont point, comme on l'imaginait encore au dernier siècle, un mécanisme inerte, une machine que l'on peut démonter et remonter à volonté, rouage par rouage, en supprimant une pièce, en ajoutant une autre. Une société est un organisme, un corps vivant qui croît et se développe à la façon des êtres vivants ; et un organisme ne se laisse pas impunément tailler et découper à plaisir; un organisme ne se laisse pas refaire à volonté sur un plan préconçu. (*Murmures et applaudissements.*) C'est là une notion aujourd'hui banale; mais, si banale qu'elle soit devenue, je vous conjure de remarquer combien elle cadre mal avec les prétentions des socialistes. Qu'ils s'en défendent ou non, ils sont, bon gré mal gré, prisonniers de la théorie mécanique des sociétés. Car leur prétention se résume à refaire la société artificiellement, suivant un plan nouveau, un plan idéal; et, encore une fois, on ne refait pas, à volonté, un corps vivant, lui enlevant ses organes, pour les remplacer par d'autres ou les ranger dans un ordre nouveau. (*Protestations et applaudissements.*) Si les sociétés se modifient, si elles grandissent, si elles se transforment, si elles évoluent, selon l'expression contemporaine, c'est à la façon des corps vivants, lentement, conformément à leurs fonctions organiques, suivant les lois de la vie et les conditions normales de leur existence. Avoir la présomption de traiter une société comme une matière inerte, comme une argile plastique que l'on pétrit à son gré, s'essayer à la refaire à neuf de toutes pièces, c'est le plus souvent, au lieu de la réformer, la déformer, l'estropier, la mutiler. (*Exclamations et applaudissements.*)

Vous vous rappelez, Messieurs, le procédé de régénération recommandé par les magiciennes mythologiques. Il consistait à prendre un homme, un vieillard, à le couper en morceaux et à le faire bouillir dans la chaudière pour le faire rajeunir. C'est à cela, laissez-moi vous le dire, que ressemble la méthode de la plupart des socialistes; et vous me permettrez de trouver que c'est là un procédé de rénovation dont on a le droit de se défier. (*Cris, applaudissements prolongés, tumulte.*)

Messieurs les socialistes, vous avez annoncé l'intention de nous répondre. Si vous voulez nous réfuter, commencez par nous écouter. (*Applaudissements.*)

La société est un organisme et non un mécanisme. Ce n'est point, Messieurs, que nous croyions les sociétés à jamais figées, à jamais raidies dans des formes immuables et dans des cadres inflexibles. Non, Messieurs, par cela même que nous regardons les sociétés comme des êtres vivants, nous croyons qu'elles sont perfectibles, — et quant à moi, j'oserai dire indéfiniment perfectibles ; mais toujours à condition de respecter chez elles les organes essentiels ; et si je ne craignais de paraître pédant, je dirais, à condition de respecter les lois de la biologie sociale. (*Approbation.*) Car, en dépit d'un préjugé trop répandu autour de nous, le progrès n'est pas chose fatale. Loin de progresser fatalement, par une sorte de nécessité inhérente à la vie sociale, les peuples qui violent les lois de la vie, les nations qui méconnaissent les conditions matérielles et les conditions morales du progrès des sociétés humaines, sont condamnés à rétrograder, à déchoir, à périr. (*Applaudissements.*)

Que sera le XX° siècle?

Une grande, une angoissante question se pose aujourd'hui devant nous, — devant vous surtout, jeunes hommes. Un siècle nouveau va bientôt se lever sur le monde ; que nous apportera ce xxᵉ siècle sur lequel reposent des espérances non moindres que celles mises par nos pères de la Révolution en notre xixᵉ siècle, chargé à son déclin du poids de tant de déceptions ?

On vous a dit souvent, et je n'y veux pas contredire, que vous verriez de grandes choses, — de terribles choses peut-être ; — et avec la confiance de la jeunesse dans la vie, ces changements qu'on vous prédit, ces révolutions prochaines dont on cherche parfois à vous épouvanter, vous n'en avez pas peur. Vous avez foi dans l'avenir, sentant que cet avenir, c'est vous qui le ferez. Dieu me garde, Messieurs, de railler votre confiance ; j'aime que la jeunesse soit jeune et vaillante ; mais sachez bien que jamais, à aucune époque de l'histoire, génération nouvelle n'a eu, devant elle, une tâche aussi lourde que celle qui va incomber à vos jeunes épaules. De la première moitié du siècle qui vient dépendra peut-être, pour des centaines et des centaines d'années, l'avenir de notre France, l'avenir de notre race blanche, l'avenir de l'humanité civilisée. Cet avenir, ne le jouez pas à la légère, sur la foi de spécieuses promesses et sur le mirage de brillantes utopies, car ce qui est en cause, ce qui est entre vos mains, — ne l'oubliez pas, — c'est le sort de la civilisation occidentale. (*Applaudissements répétés.*)

Voulez-vous être des soldats, des pionniers du progrès social ? Choisissez les routes les plus sûres, alors même qu'elles ne vous sembleraient pas les plus séduisantes. Rappelez-vous qu'en dépit de tous nos progrès, en dépit de nos sciences et de notre instruction obligatoire, il reste toujours des barbares au fond de nos sociétés. Rappelez-vous que de grandes nations, de grandes civilisations ont déjà, plus d'une fois, sombré dans l'histoire, au lendemain de ce qui semblait leur apogée. N'ayez pas trop de confiance dans l'homme, dans la bonté humaine, dans la sagesse humaine ; — n'ayez pas trop de foi dans la civilisation, et, si solides que vous en semblent les conquêtes, prenez garde de les compromettre en rejetant, imprudemment, comme vous y invitent les socialistes, tout ce qui a fait, dans le passé, la force morale, la valeur morale de l'humanité. (*Protestations et applaudissements prolongés.*)

Nous ne sommes pas, Messieurs, de ceux qui s'engagent à vous conduire, à brève échéance, dans l'Eldorado rêvé, dans la terre promise où le lait et le miel couleront partout en abondance, où, avec moins de travail, il n'y aura plus ni souffrance ni misère. Notre ambition, ou mieux, notre présomption est moindre ; nous sommes venus vous convier à travailler, avec nous, à diminuer la somme des maux dont souffre l'humanité, à relever, l'un par l'autre, le bien-être matériel et le niveau moral des classes laborieuses, à combattre les préjugés et les égoïsmes, à rapprocher les hommes et à réconcilier les classes pour le salut de la patrie commune. (*Applaudissements.*)

Et si, Messieurs, vous nous demandez une devise qui puisse vous guider sur la route malaisée du progrès social, nous vous donnerons la nôtre, celle que nous avons adoptée comme mot de ralliement : PATRIE, DEVOIR, LIBERTÉ. (*Bravo ! bravo !*) Cette devise, elle est simple, elle est modeste, elle est austère ; elle ne fait pas miroiter devant vos yeux les trésors décevants de chimériques paradis terrestres; elle ne promet que ce qu'elle peut tenir. (*Très bien ! très bien !*)

Patrie, Devoir, Liberté.

Ces trois mots, Messieurs, nous ne les avons pas choisis au hasard; ils sont, pour nous, tout un programme. Ils résument l'action que nous voudrions exercer autour de nous ; ils indiquent par quelle voie nous voulons marcher au progrès social.

Patrie, Devoir, Liberté, — cette triple devise, je voudrais avoir le temps et la force de la commenter devant vous. Mon ami M. Georges Picot va tout à l'heure vous parler de la liberté et du devoir, — deux choses que nous tenons à unir : car, pour nous, elles se complètent ou, si vous aimez mieux, elles se corrigent l'une l'autre. Le devoir dont nous voulons vous entretenir, c'est le devoir nouveau, c'est le devoir présent par excellence, le devoir social — qui, pour nous, ne se borne pas à la charité, qui sans doute ne fait pas fi de la charité, mais qui va au delà de la charité. Cette expression de « devoir social », encore nouvelle chez nous, M. Georges Picot a été un des premiers à la répandre, à l'acclimater en France. Je pourrais dire qu'il a été un des apôtres de ce devoir social ; il ne s'est pas contenté de le prêcher, il s'est appliqué à en donner l'exemple par son initiative dans plusieurs des questions les plus importantes pour le relèvement des classes populaires. C'est ainsi que son nom a l'honneur d'être lié au grand problème des logements d'ouvriers. (*Approbation.*)

Le socialisme et la contrainte.

A côté du devoir social, nous plaçons la liberté, parce que nous voyons, dans la liberté et dans la libre initiative privée, le premier moteur de tout progrès social. C'est un des points par où nous différons des socialistes de toutes les écoles. Le socialisme, Messieurs, aboutit à la contrainte ; il ne pourrait s'établir, il ne pourrait durer que par la contrainte. Qu'il le veuille ou non, le socialisme, le collectivisme

serait la contrainte organisée. (*Non, non ! Oui, oui !
Bruyantes protestations et applaudissements prolongés.*)

A cet égard encore, permettez-moi de vous le dire,
le socialisme est une conception rétrograde. Il ne
s'inspire point de l'esprit moderne. Il n'est point dans
la grande voie de l'évolution des sociétés humaines ;
il veut les faire revenir en arrière sur les conquêtes
des grands siècles de l'histoire. A la contrainte militaire, à la contrainte théocratique, à la contrainte
féodale, si durement reprochées aux époques ancien-
nes, il prétend substituer une contrainte nouvelle qui
risque d'être autrement tyrannique, parce qu'elle
s'étendrait à toute la vie publique et privée, la contrainte sociale. (*Applaudissements.*) Le joug qu'il ferait
peser sur la société et sur l'individu serait si lourd
que je ne m'étonne point, quant à moi, des révoltes
que provoque, chez les anarchistes, la perspective de
la servitude collectiviste. (*Applaudissements mêlés de
protestations.*)

Le socialisme et l'idée de patrie.

Au devoir social et à la liberté, nous associons
l'idée de patrie. (*Murmures.*) Quelques-uns d'entre
vous, paraît-il, trouvent cela suranné : — La patrie,
c'est bien vieux ! disent-ils sans doute ; la patrie,
cela a fait son temps. Pour nous, Messieurs, la
patrie est une chose toujours vivante, toujours jeune ;
plus les enfants d'un même pays nous semblent
divisés, plus nous croyons nécessaire de raffermir
dans les âmes ce sentiment de la patrie qui, lui
aussi, est un lien social et je dirai le plus solide
comme le plus doux des liens sociaux. Prenez garde
à ceux qui veulent le briser, et demandez-leur par

quoi ils comptent le remplacer. (*Applaudissements redoublés.*)

Certains voudraient substituer à la patrie l'humanité. L'humanité, Messieurs, c'est une grande et noble chose, mais l'humanité, c'est bien vague, et je doute que le cosmopolitisme possède, de longtemps, la vertu du patriotisme, et qu'il sache jamais inspirer les mêmes dévouements. (*Applaudissements.*) Mais est-ce bien l'amour de l'humanité que les socialistes et les internationalistes opposent à l'amour de la patrie ? Regardez au fond des doctrines et scrutez les actes ; écartez les mots et les formules, et vous trouverez autre chose. Au sentiment de la patrie, à la solidarité nationale, ce que veulent en réalité substituer les socialistes, c'est un nouvel esprit de caste, c'est la solidarité ouvrière, ou, comme ils disent, la solidarité prolétarienne internationale. Or, Messieurs, qui ne voit la différence et qui peut dire que ce soit là un progrès ? A un principe d'union on cherche à substituer un principe de division. L'amour de la patrie était un lien entre tous les habitants d'un même pays ; le sentiment de classe, la jalousie de classe est une cause d'égoïsme et de désaffection ; et s'il venait à l'emporter, cet esprit de division aboutirait à remplacer les rivalités nationales par les haines de classes, et les démêlés avec l'étranger par les luttes intestines et les guerres civiles. (*Applaudissements prolongés mêlés de protestations.*)

Tel est le fait, Messieurs ; les dénégations des socialistes n'y peuvent rien changer, et je terminerai en vous conjurant de réfléchir à cette vérité, hélas ! trop manifeste. Alors même qu'il réussirait à se disculper de tout internationalisme, — par le seul fait qu'il fomente les haines de classes, le socialisme est, qu'il le veuille ou non, l'ennemi né de la cohésion nationale ; le socialisme est, pour les nations modernes, un agent de dissolution, un agent de désagrégation.

L'on se demande souvent avec anxiété, en face de
notre Europe transformée en camp retranché, devant
les compétitions nationales déchaînées ou aggravées
par l'ère bismarckienne, quel sera le vainqueur, pa-
cifique ou militaire, de la course entre les nations ?
Pour moi, Messieurs, j'ose le dire en toute franchise,
le vainqueur sera le peuple qui se laissera le moins
entamer par le socialisme. (*Oui ! oui ! Applaudissements mêlés de protestations.*)

Le socialisme est le grand dissolvant des nations
modernes. Et, si vous en doutez, je me permettrai
de vous inviter à rentrer en vous-mêmes et à vous
poser, chacun, en silence, cette question : Le socialisme est-il, pour la patrie française, une faiblesse ou
une force ? Ou mieux, Messieurs, comme on a peine
à se juger soi-même, je vous engagerai à jeter un
instant les yeux sur l'étranger, sur nos voisins de
l'Est, notamment. Franchissez en esprit les sommets
des Vosges, où veille la sentinelle prussienne ; tra-
versez le large fleuve dont les eaux ont cessé de re-
fléter les couleurs françaises, et arrêtez vos regards
sur l'Allemagne unifiée. Là, dans le nouvel empire,
les socialistes sont en nombre ; ils forment un parti
puissant, et leurs imitateurs, leurs disciples, les socialistes français, nous les donnent volontiers en
exemple. Demandez-vous, Messieurs, — ou, si vous
le préférez, demandez à Berlin, demandez à l'Europe,
si le socialisme est pour l'Allemagne une faiblesse ou
une force ; — si ce sont les amis ou les adversaires du
germanisme qui doivent se féliciter des progrès de la
démocratie sociale ? (*Applaudissements.*) Et mainte-
nant, repassez le Rhin et les Vosges, rentrez dans
notre France mutilée, et posez-vous, de nouveau,
pour nous Français, la même question. Sont-ce les
amis ou les adversaires de la France qui doivent se

réjouir des progrès du socialisme en terre française ? (*Applaudissements prolongés, mêlés de bruyantes protestations.*)

Je laisse, Messieurs, à votre intelligence, à votre conscience de répondre. — Pour moi, je ne vous dirai point, en parodiant un mot fameux : Le socialisme, voilà l'ennemi ; — nous ne saurions, quant à nous, voir d'ennemis parmi les Français ; je vous dirai simplement, à vous, jeunes gens qui serez la France du xxᵉ siècle, — à vous qui ferez la France du xxᵉ siècle : Le socialisme, voilà le péril ! (*Triple salve d'applaudissements.*)

AVIS

Les jeunes gens qui voudront entrer en relations avec le Comité sont priés de vouloir bien adresser leurs noms, rue de Seine, 54.

Les formes diverses d'action qui pourront être adoptées, suivant les préférences et le temps dont disposeront les adhérents, seraient :

1° Les réunions préparatoires d'études sous la direction d'un membre du Comité ;

2° Les conférences dans lesquelles seraient discutées les questions sociales, en vue de la propagande ultérieure.

Dès aujourd'hui il a été institué au siège de la Société d'Économie sociale, rue de Seine, 54, des ÉTUDES PRATIQUES D'ÉCONOMIE SOCIALE sous la présidence de M. Glasson, membre de l'Institut.

BULLETIN DE SOUSCRIPTION

Le Comité, sans demander aujourd'hui de cotisation régulière, recevra avec reconnaissance les souscriptions de Vingt francs et au-dessus, afin de couvrir les frais d'organisation et de publication des conférences, tant à Paris qu'en province.

Je soussigné (nom et adresse lisibles)________

____

____

*mets à la disposition du Comité la somme de*________

____

...ointe au présent bulletin en mandat, bon ou chèque; **ou bien :** *que le Trésorier pourra faire toucher à mon domicile, à partir du*_________________________________

____

(DATE ET SIGNATURE)

Adresser les **Bulletins de Souscription** à M. DE-LAIRE, Secrétaire-Trésorier du Comité, *rue de Seine, 54, à Paris.*

Paris. — Imprimerie F. Levé, rue Cassette, 17.

220